Ricardo José Durán Rodrígue

CONSTITUCIÓN DE LOS ESTADOS UNIDOS

PARA ESTUDIANTES

Traducida al español y

ordenada para una memorización rápida.

Esta edición incluye

- la *Declaración de Independencia*,

- la *Constitución de los Estados Unidos*,

- la *Declaración de Derechos* y resto de *Enmiendas*.

*

ÍNDICE

LA DECLARACIÓN DE DERECHOS.

INTRODUCCIÓN.

Tanto en mis años de *alumno* como en los de *profesor*, siempre me llamó la atención la aparente **aridez** de la legislación en una primera lectura, cuando con un pequeño esfuerzo, lo que parece imposible de retener para la memoria, se puede convertir en un **texto claro y sintético**, perfectamente estructurado y preparado para poder ser retenido y memorizado.

Cuanto más pienso en esta pequeña *técnica*, más entiendo que su ***origen*** está en las **clases de *Lengua Española*** del colegio y del instituto, pues durante años tuvimos que identificar sujeto de predicado, complementos directos, indirectos y circunstanciales, etc., etc., y lo que aquí venimos a hacer no es más que **estructurar las distintas partes de la oración**, ayudando con algo de ***formato*** para destacar las PALABRAS CLAVE, o ~~tachando las palabras~~ cuando estamos ante negaciones, para facilitar que con un solo golpe de vista se pueda entender todo lo que nos quiere decir el artículo correspondiente. Y todo ello respetando la **literalidad** de la norma y el **orden** en el que están dichas las cosas en el texto legal.

Tengo que reconocer que tardé bastante en *descubrir* esta forma realmente ***mágica*** de presentar la información, pero una vez hallada, puedo asegurar que

- reduce drásticamente la **dificultad** de comprensión,
- ahorra **tiempo** de estudio y
- mejora de forma inimaginable la **memorización** de la legislación y,
- en conclusión,
    - hace la **vida** del estudiante mucho más fácil, y
    - lo convierte en un *profesional del estudio* mucho más **eficaz**.

En este libro aplico dicha técnica a la ***Declaración de Independencia*** y a la ***Constitución de los Estados Unidos***, que incluye la *Declaración de Derechos (Bill of Rights)* y resto de *Enmiendas*.

La versión de la Constitución que he tomado como original para realizar esta traducción al español es la transcripción de la misma escrita a mano por **Jacob Shallus**, y cuyo original se guarda en el ***National Archives Building*** en Washington.

Para poder hacer esta traducción, he tenido que utilizar **múltiples recursos y herramientas** que ofrece *Internet*, por lo que querría agradecer expresamente su ayuda a:

- Wordreference.
- Linguee y DeepL.
- Google.
- Cornell Law School.
- The U.S. National Archives and Records Administration.
- USConstitution.net.
- ThoughtCo.
- UShistory.org.
- National Constitution Center.
- Liberty Fund.
- Diputados.gob.mx.
- Wikipedia.

Como textos legales que son, he intentado, y por este orden,

- mantener la **literalidad** del texto original,
- usar los **términos legales** que son equiparables en español a los usados en lo textos originales, y en definitiva,
- conseguir que la traducción ***suene*** tan bien como cualquier norma escrita en nuestra lengua.

A lo largo del texto, he incluido en ***cursiva*** cierta información con intención pedagógica, como los **nombres** de los ***artículos*** y de las ***secciones***, que en los documento originales no aparecen, pero que son de vital ayuda para el que quiera aprender los artículos de memoria o incluso simplemente encontrar la información más rápidamente en el índice Igualmente, a lo largo de los textos ***numero clasificaciones*** en cursiva, o incluyo algún ***ejemplo*** de lo que dicen los textos, todo con el objeto de que la lectura sea más amena e instructiva.

Aparte de esta, en **Amazon** podéis encontrar la versión en ***inglés***, y la versión ***bilingüe español-inglés***, que es la que recomiendo. Intentaré seguir produciendo material útil para los estudiantes o personas interesadas, y si queréis hacerme cualquier comentario, incluso avisarme de algún *error*, que os agradezco de antemano, podéis contactar conmigo a través de las redes:

- https://www.facebook.com/ricardo.duran.520562
- https://www.instagram.com/ricardo_duran_r/

Ricardo José Durán Rodríguez

DECLARACIÓN DE INDEPENDENCIA

DATOS GENERALES.

La Declaración de Independencia es el pronunciamiento adoptado por el **Segundo Congreso Continental** (1775-1781) de poner fin a las relaciones entre
- las *trece colonias americanas* y
- el *Reino Unido*.

Fue
- elaborada entre **junio** y **julio** de **1776**, y
- ratificada el **4 de julio** de ese mismo año.

DECLARACIÓN DE INDEPENDENCIA.

EN EL **CONGRESO**, A **4 DE JULIO DE 1776**

LA DECLARACIÓN UNÁNIME DE LOS TRECE ESTADOS UNIDOS DE AMÉRICA.

Cuando en el transcurso de los eventos humanos se hace *necesario* para un pueblo
- **disolver** los lazos políticos que lo han conectado con otro y
- **asumir**
  entre los poderes de la Tierra,
  la **posición**
  - *separada* e
  - *igual*
  que las Leyes
  - de la Naturaleza y
  - del Dios de la Naturaleza
  les da derecho,
  un decente respeto a las opiniones de la humanidad requiere que declaren las **CAUSAS** que le impelen a la separación.

Mantenemos estas **VERDADES** como obvias,
- que todos los hombres han sido creados **iguales**,
- que han sido dotados por su Creador de ciertos **derechos inalienables**,
- que entre estos están
  - la ***vida***,
  - la ***libertad*** y
  - la búsqueda de la ***felicidad***.
- Que para asegurar estos derechos, los Gobiernos son instituidos entre los Hombres,
  derivando sus justos poderes del **consentimiento de los gobernados**,
- Que siempre que una Forma de Gobierno se vuelve destructiva de estos fines, es **Derecho del Pueblo**
  - alterarlo o
  - abolirlo, e
  - instituir un **nuevo Gobierno**,

- poniendo sus cimientos es estos principios y
- organizando sus poderes en tal manera,
como a ellos les parezca más probable que logren su
- *Seguridad* y
- *Felicidad.*

La prudencia, sin duda, dictará que los Gobiernos largamente establecidos **no deberían cambiar** por ***causas***
- *ligeras* y
- *transitorias*; y

de acuerdo con esto toda experiencia ha demostrado que la humanidad está más dispuesta
- a *sufrir*, mientras los males sean sufribles
- que a *rectificar* aboliendo las formas a las que están acostumbrados.

Pero cuando una larga serie de
- ***abusos*** y
- ***usurpaciones***,

persiguiendo invariablemente el mismo objeto
evidencia un designio de reducirlos bajo un **Despotismo absoluto**,
- es su *derecho*,
- es su *deber*,
- ***echar a ese Gobierno***, y
- proveer ***nuevos Guardianes*** de su futura seguridad.

- Tal ha sido el paciente *aguante* de estas Colonias; y
- tal es ahora la *necesidad* que las constriñe a alterar su antiguo Sistema de Gobierno.

La historia del presente Rey de Gran Bretaña *(Jorge III)* es una historia de repetidas
- ***injurias*** y
- ***usurpaciones***,

teniendo todas como objetivo directo el establecimiento de una ***Tiranía*** **absoluta** sobre estos Estados.

Para probar esto, dejemos que los **HECHOS** sean presentados a un mundo sincero

1 - Se ha negado a dar su aprobación a las **Leyes**,
lo más
- *sano* y
- *necesario*

para el bien público

2 - Ha prohibido a sus **Gobernadores aprobar leyes** de
- *inmediata* y
- *urgente*

importancia,
a menos que sea suspendida su eficacia hasta que se obtenga ***su aprobación***;
y cuando así se ha *suspendido*,
ha ***olvidado por completo prestarles atención***.

3 - Se ha negado a aprobar otras **leyes** para el **alojamiento de grandes distritos de ente**,
a menos que esa gente ***rehúse*** al **derecho de representación** en la Asamblea egislativa,
un derecho
- inestimable para ellos y
- temible sólo para los tiranos.

4 - Ha *convocado* a los **órganos legislativos** en ***lugares***
- *inusuales*,
- *incómodos*, y
- *distantes* del lugar de depósito de sus registros públicos
con el único propósito de ***fatigarlos*** en el cumplimiento de sus medidas.

5 - Ha **disuelto** las **Cámaras Representativas** repetidamente,
por oponerse con firmeza varonil a sus violaciones de los de los derechos del ueblo.

6 - Se ha negado por largo tiempo,
después de tales disoluciones,
a hacer que **otras** sean **elegidas**,
conforme a lo cual, los poderes legislativos,
incapaces de aniquilación,
han ***vuelto al Pueblo*** sin limitaciones para su ercicio;
el Estado permanece, mientras tanto, ***expuesto*** a todos los peligros de
- *invasión externa*, y
- convulsiones en el *interior*.

7 - Se ha esforzado en **evitar** la **colonización** de estos Estados;
con ese propósito
- obstruye las ***Leyes de Naturalización*** de Extranjeros;
- se niega a ***aprobar otras*** que alienten sus migraciones aquí, y
- eleva las condiciones de ***nuevas apropiaciones de tierras***.

8 - Ha obstruido la **Administración de Justicia**,
negando su aprobación a las Leyes destinadas a establecer un Poder Judicial.

9 - Ha hecho que los **Jueces** dependan sólo de su sola voluntad para mantener
- la *titularidad* de sus cargos, y
- la
- *cantidad* y
- *pago*
de sus salarios.

10 - Ha
- *levantado* una multitud de **nuevas oficinas**, y
- *enviado* enjambres de **oficiales** para
- *hostigar* a nuestra gente y
- *comer* su sustancia.

11 - Ha mantenido entre nosotros,
en tiempos de paz,
ejércitos permanentes
sin el ~~consentimiento~~ de nuestras Asambleas Legislativas.

12 - Ha influido para hacer a las **Fuerzas Armadas**
- *independientes* y
- *superiores*
al ***Poder Civil***.

13 - Se ha puesto de acuerdo con otros para sometернos a una **jurisdicción**
- ***extraña*** a nuestra Constitución, y
- ***no reconocida*** por nuestras leyes;
dando su aprobación a sus actos de fingida legislación:

14 - Por acuartelar grandes cuerpos de **tropas armadas** entre nosotros:

15 - Por **protegerlos**,
mediante un ***juicio fingido,***
del castigo por cualquier **asesinato** que cometan de los habitantes de estos Estados:

16 - Por cortar nuestro comercio con todas las partes del mundo:

17 - Por imponer **impuestos** sobre nosotros
sin nuestro consentimiento:

18 - Por privarnos
en muchos casos,
del beneficio de un juicio con **jurado**:

19 - Por *transportarnos* allende los mares para ser **juzgados de falsos delitos**:

20 - Por **abolir** el libre sistema de **leyes inglesas** en una **Provincia vecina**,
- estableciendo allí un gobierno arbitrario, y
- agrandando sus fronteras
para convertirlo al instante en un
- ejemplo y
- adecuado instrumento
para *introducir* el mismo ***gobierno absoluto*** en estas Colonias

21 - Por
- quitarnos nuestras **Cartas Constitucionales**,
- abolir nuestras más valiosas **Leyes** y
- alterar fundamentalmente las **formas de nuestros Gobiernos**:

22 - Por
- suspender nuestras propias **Asambleas Legislativas**, y

- declararse ellos mismos investidos del poder de **legislar por nosotros** en todos os casos.

23 - Ha **abdicado** de su **gobierno** en estas tierras,
al
- declararnos fuera de su protección y
- librar una guerra contra nosotros.

24 - Ha
- saqueado nuestros **mares**,
- asolado nuestras **costas**,
- quemado nuestras **ciudades**, y
- destruido las **vidas** de nuestro pueblo.

25 - Está en este momento transportando grandes **ejércitos de mercenarios xtranjeros** para completar los trabajos de
- muerte,
- desolación, y
- tiranía,

ya empezados con circunstancias de
- ***crueldad*** y
- ***tiranía***
  - *difícilmente igualadas* en las *eras más bárbaras*, y
  - totalmente *indignas* de la cabeza de una *nación ivilizada.*

26 - Ha **obligado** a nuestros conciudadanos **capturados** en **alta mar** a
- llevar ***armas*** *contra su país*,
- convertirse en ***ejecutores*** de sus
  - *amigos* y
  - *hermanos*, o
- ***caer*** a sus manos.

27 - Él
- ha excitado **insurrecciones domésticas** entre nosotros, y
- se ha esforzado por traer sobre los habitantes de nuestras fronteras a los espiadados **Indios salvajes**

cuya conocida regla de guerra, es una indiscriminada destrucción e todas las
- *edades*,
- *sexos* y
- *condiciones*.

En cada etapa de estas opresiones
- hemos pedido una **rectificación** en los más humildes términos:

Nuestras repetidas peticiones han sido respondidas sólo por **repetidas injurias**.
Un príncipe,
*cuyo carácter está así marcado por cada acto que puede definirse como n **Tirano**,*
es **indigno** de ser el ~~soberano~~ de un pueblo libre.

- Ni hemos sido cicateros en **atenciones hacia nuestros hermanos británicos**.
- Les hemos *advertido* de tiempo en tiempo de los intentos de su Asamblea Legislativa de extender una **injustificable jurisdicción** sobre nosotros.
- Les hemos *recordado* las circunstancias de nuestra
    - **emigración** y
    - **asentamiento**
        aquí.
- Hemos *apelado* a su innata
    - **justicia** y
    - **magnanimidad**, y
- los hemos *implorado* por los lazos de nuestro **común parentesco** que **rechacen** estas usurpaciones,
    que inevitablemente *interrumpirían* nuestras
        - *conexiones* y
        - *correspondencia.*
- Ellos también han estado **sordos** a la voz
    - de la *justicia* y
    - de la *consanguinidad*.

Debemos, por lo tanto,
- ***aceptar*** la necesidad,
    que delata nuestra separación, y
- ***considerarlos***,
    como consideramos al resto de la humanidad,
        - enemigos en la guerra;
        - en la paz, amigos.

Nosotros, por tanto, los Representantes de los Estados Unidos de América,
en Congreso General,
reunidos,
apelando al Juez Supremo del mundo por la rectitud de nuestras intenciones,
en el nombre, y
por la autoridad
de la buena gente de estas Colonias,
solemnemente
- **publicamos** y
- **declaramos**

1 - que estas Colonias unidas
- son, y
- por derecho deben serlo,

Estados
- **libres** e
- **independientes**

2 - que están exonerados de toda ~~lealtad~~ a la ~~**Corona Británica**~~, y
3 - que toda ~~**conexión política**~~ entre
- ellos y
- el ~~**Estado de Gran Bretaña**~~,
    - *es* y
    - *debería ser*

totalmente disuelta; y

4 – que como Estados

- *libres* e
- *independientes*

tienen pleno poder para

- declarar la **guerra**.,
- concluir la **paz**,
- contraer **alianzas**,
- establecer **comercio**, y
- cualquier **otro** acto o cosa que los Estados dependientes tengan derecho a hacer

- Y para el apoyo de esta Declaración,

con una firme confianza en la protección de la Divina Providencia,

comprometemos mutuamente

- nuestras vidas,
- nuestro destino, y
- nuestro sagrado honor.

New Hampshire:
Josiah Bartlett,
William Whipple,
Matthew Thornton

Massachusetts:
John Hancock,
Samuel Adams,
John Adams,
Robert Treat Paine,
Elbridge Gerry

Rhode Island:
Stephen Hopkins,
William Ellery

Connecticut:
Roger Sherman,
Samuel Huntington,
William Williams,
Oliver Wolcott

Nueva York:
William Floyd,
Philip Livingston,
Francis Lewis,
Lewis Morris

Nueva Jersey:
Richard Stockton,
John Witherspoon,

Francis Hopkinson,
John Hart,
Abraham Clark

Pennsylvania:
Robert Morris,
Benjamin Rush,
Benjamin Franklin,
John Morton,
George Clymer,
James Smith,
George Taylor,
James Wilson,
George Ross

Delaware:
Caesar Rodney,
George Read,
Thomas McKean

Maryland:
Samuel Chase,
William Paca,
Thomas Stone,
Charles Carroll of Carrollton

Virginia:
George Wythe,
Richard Henry Lee,
Thomas Jefferson,
Benjamin Harrison,
Thomas Nelson,
Jr., Francis Lightfoot Lee,
Carter Braxton

Carolina del Norte:
William Hooper,
Joseph Hewes,
John Penn

Carolina del Sur:
Edward Rutledge,
Thomas Heyward,
Jr., Thomas Lynch,
Jr., Arthur Middleton

Georgia:
Button Gwinnett,
Lyman Hall,
George Walton

CONSTITUCIÓN DE LOS ESTADOS UNIDOS

DATOS GENERALES.

La **CONVENCIÓN CONSTITUCIONAL** tuvo lugar en **Filadelfia**
- del *25 de **mayo***
- al *17 de **septiembre***

de **1787**, y

el resultado de su trabajo fue la creación de la **CONSTITUCIÓN DE LOS ESTADOS UNIDOS**

cuya **fecha de creación** es precisamente la del ***17 de septiembre de 1787***.

La Constitución
- fue **ratificada** el 21 de junio de 1788, y
- entró en **vigor** el 4 de marzo de **1789**.

La Constitución consta de
- un **preámbulo**,
- **7 artículos** y
- **27 enmiendas**,

formando las 10 primeras lo que se conoce como **DECLARACIÓN DE DERECHOS** *(Bill of Rights)*.

> ***Nota**: El Preámbulo no recibe este nombre en la propia Constitución, por lo que lo pongo en **cursiva**.*
>
> *Igualmente, tal como señalé en la Introducción de este libro, los **artículos** y **secciones** no llevan un ~~nombre~~ en los documentos originales, pero yo se los he incluido y puesto en **cursiva** con fines pedagógicos.*

PREÁMBULO.

Nosotros, el Pueblo de los Estados Unidos,

de cara a

1 – *formar* una más **perfecta unión**,
2 – *establecer* la **justicia**,
3 – *asegurar* la **tranquilidad doméstica**,
4 – *proveer* a la **defensa común**,
5 – *promover* el **bienestar general**, y
6 – *asegurar* las bendiciones de la **libertad** para
- nosotros y
- nuestra posteridad,
  - *ordenamos* y
  - *establecemos*

esta **CONSTITUCIÓN** para los Estados Unidos de América.

Artículo I. *El PODER LEGISLATIVO.*

Sección 1. *El CONGRESO.*

Todos los Poderes Legislativos aquí garantizados serán conferidos a un CONGRESO de los Estados Unidos, que consistirá en

- un **Senado** y
- una **Cámara de Representantes**.

Sección 2. *CÁMARA DE REPRESENTANTES.*

- La CÁMARA DE REPRESENTANTES estará **compuesta** por miembros elegidos ***cada 2 años*** por el pueblo de los distintos Estados, y
- los electores en cada Estado tendrán los *requisitos exigidos* para los electores de la rama más numerosa de la Asamblea Legislativa del Estado.

Ninguna persona será **Representante**

- si no ha alcanzado la edad de ***25 años***, y
- si no ha sido *7 **años*** ciudadano de los Estados Unidos, y
- si no ha sido, al tiempo de ser elegido, **habitante de ese Estado** en que será elegido.

- Los ***Representantes*** y
- los ***impuestos directos***

serán repartidos entre los distintos **Estados** que puedan ser incluidos en esta Unión,

de acuerdo a su *respectivos números*,

que serán determinados añadiendo

1 - al número total de ***personas libres***,

- incluyendo las *obligadas a prestar servicio* por un término de años, y
- excluyendo *indios* no sujetos al pago de impuestos,

2 - las ***tres quintas (3/5)*** partes de todas las personas restantes.

> ***Nota:*** *Esta parte en **azul** fue modificada por la **Sección 2** del la **Enmienda 14** (véase más abajo, en el apartado de Enmiendas).*

La enumeración real se hará

- dentro de los ***3 años*** a contar desde la *primera reunión* del Congreso de los Estados Unidos, y
- en cada siguiente periodo de ***10 años***,

de la manera que indique la *ley*.

El **número de Representantes** no ~~excederá~~ de ***uno por cada treinta mil (1/30.000)*** *abitantes,* pero **cada Estado** tendrá al menos **un** Representante; y hasta que esa enumeración sté hecha, el Estado de

- New Hampshire podrá elegir ***3***,
- Massachusetts ***8***,
- Rhode-Island y Providence Plantations ***1***,
- Connecticut ***5***,
- Nueva-York ***6***,
- New Jersey ***4***,
- Pennsylvania ***8***,
- Delaware ***1***,
- Maryland ***6***,
- Virginia ***1***,
- Carolina del Norte ***5***,
- Carolina del Sur ***5***, y
- Georgia ***3***.

Cuando haya **vacantes** en la representación de cualquier Estado,
la Autoridad Ejecutiva del mismo expedirá un ***decreto convocando elecciones*** ara cubrir tales vacantes.
La Cámara de Representantes
- **elegirá** a
  - su *Presidente* y
  - otros *funcionarios*; y
- tendrá el poder exclusivo en los **juicios políticos de destitución**.

Sección 3. *SENADO.*

El **SENADO** de los Estados Unidos estará compuesto por ***dos*** **Senadores de cada** **:stado**, elegidos por la Asamblea Legislativa del mismo, por ***6 años***; y
cada Senador tendrá **un voto**.

Nota: *La parte en **azul** fue modificada por la **Enmienda XVII**.*

Inmediatamente después de que se hayan reunido como consecuencia de la ***primera lección***,
se **dividirán** tan equitativamente como se pueda en ***3 clases***.
Los escaños de los Senadores
1 – de la ***primera clase*** serán sustituidos al término del ***segundo año***,
2 – de la ***segunda clase*** al término del ***cuarto año***, y
3 – de la ***tercera clase*** al término del ***sexto año***,
de tal manera que un tercio *(1/3)* pueda ser elegido *cada 2 años*;
y si hay **vacantes**
- por renuncia, o
- por otro motivo,

durante el ***receso*** de la Asamblea Legislativa de cualquier Estado,
el Ejecutivo del mismo podrá hacer **nombramientos temporales** asta la siguiente reunión de la Asamblea Legislativa, que cubrirá entonces tales vacantes.

> ***Note:*** *Esta parte en* ***azul*** *también fue modificada por la* ***Enmienda XXVII.***

Nadie será **Senador**

- que no
    - haya alcanzado la edad de ***30 años***, y
    - haya sido ***9 años*** un ciudadano de los Estados Unidos, y
- que no sea, al tiempo de la elección, un **habitante** del Estado para el que sera elegido.

El **VICEPRESIDENTE** de los Estados Unidos

- será ***Presidente del Senado***, pero
- no tendrá ~~**voto**~~, salvo en caso de empate.

El Senado **elegirá**

- a sus **funcionarios**, y también
- a un **Presidente** ***pro tempore***,
    - en ausencia de Vicepresidente, o
    - cuando ejerza el cargo de Presidente de los Estados Unidos.

El Senado tendrá el *poder exclusivo* de juzgar todos los **juicios políticos de destitución**. Cuando se reúnan para esta finalidad, estarán bajo

- juramento o
- promesa.

Cuando el ***Presidente de los Estados Unidos*** sea juzgado, el Presidente del Tribunal Supremo presidirá:

Y ninguna persona será condenada sin la concurrencia de ***dos tercios (2/3)*** de los miembros presentes.

La **sentencia** en casos de ***juicios políticos de destitución*** no se extenderá más allá que para

- la destitución del cargo, y
- la inhabilitación para
    - *ostentar* y
    - *disfrutar*

        cualquier cargo

        - ~~*honorífico*~~,
        - de ~~*confianza*~~ o
        - ~~*remunerado*~~

            que dependa de los Estados Unidos:

pero la parte condenada, no obstante,

- será *responsable* y
- estará *sujeta*

    a

    - *acusación*
    - *proceso*
    - *juicio* y
    - *castigo*,

        de acuerdo con la *Ley*.

Sección 4. *ELECCIONES.*

Las

- ***fechas***,
- ***lugares*** y
- ***modo***

de celebrar **ELECCIONES** para

- *Senadores* y
- *Representantes*,

se prescribirán en **cada Estado** por su Asamblea egislativa;

pero el Congreso puede

- *en cualquier momento*
- *por Ley*
  - hacer o
  - alterar

tales regulaciones,

excepto las de los lugares para elegir Senadores.

El Congreso **se reunirá** al menos ***una vez al año***, y
tal reunión será el ***primer lunes de diciembre***,
a menos que por *Ley* fijen un día diferente.

> ***Nota:*** *La parte en* ***azul*** *fue modificada por la* ***Sección 2*** *de la* ***Enmienda XX.***

Sección 5. *COMPETENCIAS COMUNES de AMBAS CÁMARAS.*

Cada Cámara será **juez** de las

- ***elecciones***,
- ***escrutinios*** y
- ***requisitos***

de sus propios **miembros**, y

una ***mayoría*** de cada una constituirá un ***quórum*** para celebrar sesión;

pero un número menor

- puede *suspender las sesiones* de un día para otro, y
- puede ser autorizado para *obligar la asistencia* de miembros ausentes
  - de tal *manera*, y
  - bajo tales *penas*

como *cada Cámara* pueda estipular.

Cada Cámara puede

- determinar las reglas de sus **procedimientos**,
- **castigar** a sus miembros por comportamiento inapropiado, y,
- con la concurrencia de *dos tercios (2/3)*, **expulsar** a un miembro.

Cada Cámara

- mantendrá un **Diario** de sus sesiones, y

- *de vez en cuando*
publicará los mismos,
excepto tales partes que puedan a su juicio requerir secreto; y

- los
- ***síes*** y
- ***noes***
de los miembros de cada Cámara,
*si lo desea **un quinto (1/5)** de los presentes,*
se incluirán en el Diario.

Ninguna Cámara,
- *durante la sesión del **Congreso**,*
- *sin el **consentimiento** de la otra,*
se **suspenderá**
- por más de *3 días* ni
- *(para designar)* a otro lugar que a aquel en el que las dos Cámaras estén reunidas.

Sección 6. *PRIVILEGIOS de los SENADORES y REPRESENTANTES.*

Los
- **Senadores** y
- **Representantes**
recibirán una **COMPENSACIÓN** por sus servicios, que se
- determinará por *Ley*, y
- pagará del *Tesoro* de los Estados Unidos.

- En todos los casos, excepto
- *traición*,
- *felonía* y
- *perturbar el orden público*
gozarán del privilegio de **NO SER ARRESTADOS**
- durante su *asistencia* a la sesión de sus respectivas Cámaras, y
- al *ir* y
- al *volver*
de la misma; y

por cualquier
- **DISCURSO** o
- ***debate***
en cualquier de las Cámaras,
no serán ~~**interpelados**~~ en ningún otro lugar.

Ningún
- ~~*Senador*~~ o
- ~~*Representante*~~
durante el tiempo para el que fue elegido,
será **nombrado para NINGÚN CARGO CIVIL** bajo la autoridad de los Estados Unidos, que
- haya sido creado, o

- cuyos emolumentos se hayan incrementado
durante dicho tiempo; y

- **ninguna persona** que ostente un **cargo** en los Estados Unidos, será miembro de inguna de las ~~Cámaras~~ durante su permanencia en el cargo.

Sección 7. *PROYECTOS DE LEY.*

Todos los **PROYECTOS DE LEY** para la **RECAUDACIÓN DE IMPUESTOS** se riginarán en la Cámara de Representantes;

pero el Senado puede
- *proponer* o
- *estar de acuerdo* con

las **enmiendas** como en otros proyectos de ley.

Todo proyecto de ley que haya sido **aprobado** por
- la Cámara de Representantes y
- el Senado,

*antes de convertirse en **ley**,*

se presentará al Presidente de los Estados Unidos;

- Si lo ***aprueba***, lo **firmará**,
- pero si ***no***, lo **devolverá**,

con sus *Objeciones*

a la Cámara en la que se haya originado,

la cual
- incluirá las *objeciones* íntegras en su *Diario*, y
- procederá a *reconsiderarlo*.

Si después de dicha **reconsideración**,

dos tercios (2/3) de esa Cámara acuerdan **aprobar** el proyecto de ley,

se enviará,

junto con las Objeciones,

a la otra Cámara,

por la cual también será **reconsiderado**, y

si lo aprueban ***dos tercios (2/3)*** de esa Cámara,

se convertirá en una *ley*.

Pero en todos estos casos,
- los **votos** de ambas cámaras se determinarán
  - por ***síes*** y
  - por ***noes***, y
- los **nombres** de las personas que voten
  - a ***favor*** y
  - en ***contra***

del proyecto de ley

se registrarán en el **diario** de cada cámara, espectivamente.

Si ningún proyecto de ley es ~~**devuelto**~~ por el Presidente dentro de los ***10 días*** exceptuados los domingos) después de que se le haya presentado,

el mismo será una ***ley***, de la misma manera que si lo hubiera ***firmado***,

a menos que la *suspensión* de las sesiones del Congreso impida su levolución,

en cuyo caso ***no*** se convertirá en ~~*Ley*~~.

Toda

- ***orden***,
- ***resolución*** o
- ***votación***

para la que la concurrencia del

- Senado y
- la Cámara de Representantes

pueda ser necesaria

(excepto en una cuestión de aplazamiento)

- será presentada al Presidente de los Estados Unidos; y
- antes de que el mismo tenga efecto,
  - será aprobado por él, o
  - *siendo desaprobado por él,*

sea **aprobado nuevamente** por ***dos tercios (2/3)*** del

- Senado y
- la Cámara de Representantes,

de acuerdo con

- las *reglas* y
- *limitaciones*

prescritas en caso de un *proyecto de ley*.

Sección 8. *PODERES del CONGRESO.*

El **CONGRESO** tendrá poder para

1) ***A*** - *establecer* y
- *recaudar*
  - **tasas**,
  - **cargas**,
  - **impuestos** y
  - **aranceles**,

B –*pagar* **deudas** y

C –*proveer* para la
- **Defensa común** y
- **bienestar general**

de los Estados Unidos;

pero todas las
- cargas,
- impuestos y
- aranceles

serán ***uniformes*** en todo Estados Unidos;

2) *Contraer* **empréstitos** a cargo de los Estados Unidos;

3) *Regular* el **comercio**
- con naciones extranjeras, y
- entre los distintos Estados, y

- con las Tribus Indias;

4) *Establecer* un
- reglamento uniforme de **naturalización**, y
- leyes uniformes en materia de **quiebras**
  en todo Estados Unidos;

5)
- *acuñar* **moneda**,
- *regular* el ***valor***
  - de ella, y
  - de la moneda extranjera, y
- *fijar* el patrón de
  - **pesas** y
  - **medidas**;

6) *Proveer* para el castigo por **falsificar**
- los títulos y
- la moneda corriente
  de los Estados Unidos;

7) *Establecer*
- **oficinas de correos** y
- **caminos de posta**;

8) *Promover* el progreso de
- la **ciencia** y
- las **artes útiles**,
  asegurando
  por un tiempo limitado
  a
  - autores e
  - inventores
    el derecho exclusive a sus respectivos
    - escritos y
    - descubrimientos;

9) *Crear* **tribunales *inferiores*** al Tribunal Supremo;

10)
- *Definir* y
- *castigar*
  - la piratería y
  - crímenes
    cometidos en **alta mar**, y
  - ofensas contra la Ley de las Naciones;

11)
- *Declarar* la **guerra**,
- *conceder* **patentes**
  - ***de corso*** y
  - ***represalia***, y
- *establecer* reglamentos para las **presas** en

- tierra y
- agua;

12) - *Reclutar* y
- *sostener*

ejércitos,

pero ninguna asignación de fondos para tal uso será por un plazo superior a ***dos años***;

13) - *Proveer* y
- *mantener*

una **Armada**;

14) *Dictar* normas para el
- gobierno y
- regulación

de las **Fuerzas**
- ***terrestres*** y
- ***navales***;

15) *Regular* la convocatoria de la **Milicia** para
- *ejecutar* las leyes de la Unión,
- *suprimir* insurrecciones y
- *repeler* invasiones;

16) *Proveer*
- para
  - *organizar*,
  - *armar*, y
  - *disciplinar*,

la **Milicia**, y
- para gobernar la parte de ella que pueda ser empleada al servicio de los Estados Unidos,

reservando a los Estados respectivos,
- el *nombramiento* de los oficiales, y
- la facultad de entrenar a la Milicia de acuerdo a la disciplina prescrita por el Congreso;

17)
- *Legislar* de forma exclusive sobre todo lo referente al **Distrito**

*(que no podrá exceder de **diez millas cuadradas**)*

que pueda,

por
- *cesión de Estados particulares, y*
- *la aceptación del Congreso,*

convertirse en la ***sede del Gobierno*** de los Estados Unidos, y
- *ejercer* como *Autoridad* sobre todos los lugares comprados con el consentimiento de la Asamblea Legislativa del Estado en el que el mismo estará, para la erección de
  - *fuertes*,

- *almacenes*,
- *arsenales*,
- *astilleros*, y
- *otros* edificios necesarios;- y

18) *Hacer* todas las **Leyes** que sean
- *necesarias* y
- *apropiadas*

para llevar a ***ejecución***
- los *poderes anteriores*, y
- todos *los demás* poderes conferidos por esta *Constitución*
- al Gobierno de los Estados Unidos, o
- a cualquier
- departamento o
- funcionario

del mismo.

Sección 9. *PROHIBICIONES GENERALES.*

La
- ***emigración*** o
- ***inmigración***

de tantas personas como los Estados ahora existentes consideren decuado admitir, **no será** ~~**prohibida**~~ por el Congreso ~~*con anterioridad*~~ al año ***mil ochocientos cho*** *(1808)*,

pero una
- tasa o
- carga

puede ser impuesta sobre tal inmigración,

no ~~excediendo~~ de ***10 dólares*** por cada persona.

El privilegio del ***habeas corpus*** no se suspenderá,

salvo cuando en casos de
- rebelión o
- invasión

la seguridad pública pueda requerirlo.

Ningún
- ***escrito de proscripción y confiscación*** *(pérdida de los derechos civiles)* o
- ***leyes ex post facto*** *(leyes sancionadoras retroactivas no favorables o estrictivas de derechos individuales)*

serán ~~aprobadas~~.

Ningún impuesto
- *de capitación*, u
- otro *directo*,

se establecerá,

salvo en proporción al
- censo o
- enumeración que aquí antes se ordenó realizar.

*Nota: Esta parte en **azul** fue modificada por la **Enmienda XVI**.*

Ninguna

- ~~*tasa*~~ o
- ~~*carga*~~

será impuesta sobre artículos ***exportados*** desde cualquier Estado.

- **Ninguna** ~~**preferencia**~~ se dará a través de ninguna regulación
  - *mercantil* o
  - *fiscal*

    a los **puertos** de un Estado sobre los de otro:

- **ni** los **barcos** que se dirijan
  - a, o
  - desde,

    un Estado, estarán ~~obligados~~ a
    - *entrar*,
    - *salir*, o
    - pagar *impuestos*

      en otro.

- Ningún dinero será retirado del **Tesoro**, salvo como consecuencia de ***asignaciones autorizadas por Ley***; y
- un *estado de cuentas* y
- un *balance*

  periódicos de los
  - ingresos y
  - gastos

    de todo el dinero público ***serán publicados*** cada cierto tiempo.

- Ningún título de **nobleza** será concedido por los Estados Unidos: y
- ninguna persona que ostente un **cargo**
  - *remunerado* u
  - *honorífico*

    de los mismos, aceptará,

    sin el consentimiento del Congreso,

    ningún
    - presente,
    - emolumento,
    - cargo, o
    - título,

      de ningún tipo,

      de ningún
      - Rey,
      - Príncipe, or
      - Estado extranjero.

Sección 10. *PROHIBICIONES para los ESTADOS.*

Ningún Estado
- ~~celebrará~~ ningún
  - *tratado*,
  - *alianza*, o
  - *Confederación*;
- ~~concederá~~ patentes de
  - *corso* y
  - *represalia*;
- ~~acuñará~~ **moneda**;
- ~~emitirá~~ **bonos**;
- ~~hará~~ cualquier cosa salvo moneda de
  - **oro** y
  - **plata**

    como medio de pago por deudas;
- ~~aprobará~~ cualquier
  - *escrito de proscripción y confiscación*,
  - ***leyes** ex post facto*, o
  - leyes que menoscaben las ***obligaciones de los contratos***, o
- ~~concederá~~ cualquier **título de nobleza**.

- Ningún Estado,

  sin el consentimiento del Congreso,

  establecerá ningún
  - *impuesto* o
  - *carga*

    sobre
    - **importaciones** o
    - **exportaciones**,

      salvo el que pueda ser absolutamente ecesario para ejecutar sus *leyes de inspección*:
- y el ***producto*** neto de todas las
  - cargas e
  - impuestos,

    establecidos por cualquier Estado sobre
    - *importaciones* o
    - *exportaciones*,

      será para uso del ***Tesoro de los Estados Unidos***; y
- todas esas **Leyes** estarán **sujetas** a la
  - *revisión* y
  - *control*

    del Congreso.

Ningún Estado,

sin el consentimiento del Congreso,
- ~~*establecerá*~~ ningún impuesto por **tonelaje**,
- ~~*mantendrá*~~
  - **tropas**, o
  - **barcos de guerra**

en tiempo de paz,
- ~~celebrará~~ ningún
- **acuerdo** o
- **pacto**
- con otro Estado, o
- con un poder extranjero, o
- ~~entrará~~ en **guerra**, salvo que
- *invadido* por sorpresa, o
- en tal *peligro inminente*
no admita ~~demora~~.

ARTÍCULO II. *PODER EJECUTIVO.*

Sección 1. *EL PRESIDENTE.*

El **Poder Ejecutivo** será conferido a un **PRESIDENTE** de los Estados Unidos de América.

Ostentará su cargo durante el plazo de ***4 años***, y,
junto al **Vicepresidente**,
elegido por el mismo plazo,
será elegido, como sigue

Cada Estado nombrará,
de la manera que su Asamblea Legislativa disponga,
un número de **electores**,
iguales al número total de
- Senadores y
- Representantes
a los que el Estado tenga derecho en el Congreso,

pero **ningún**
- ~~*Senador*~~ o
- ~~*Representante*~~, o
- persona que ostente un ~~*cargo*~~
- ~~*honorífico*~~ o
- ~~*remunerado*~~
en los Estados Unidos,
será nombrado **Elector**.

Los **Electores**
- se reunirán en sus respectivos Estados, y
- votarán por papeleta a ***2 personas***,
de las cuales al menos una de ellas no será habitante del mismo Estado que ellos.
- Y harán una **lista**
- de todas las *personas* que hayan sido votadas, y
- del *número de votos* para cada una;
- la cual
- firmarán y

- certificarán, y
- transmitirán sellada a la sede del gobierno de los Estados Unidos,
dirigida al Presidente del Senado.

El Presidente del Senado,
en presencia
- del Senado y
- de la Cámara de Representantes,
abrirá todos los certificados, y

los votos entonces **se contarán**.

- La *persona que tenga el* ***mayor número de votos*** será el Presidente,
si tal número supone una *mayoría* del número total de Electores nombrados;
- y si hubiera ***más de uno*** que
  - tuviera tal mayoría, y
  - tuvieran igual número de votos,
  entonces la Cámara de Representantes inmediatamente elegirá por apeleta a uno de ellos como Presidente;
  - y si nadie tuviese esa mayoría, entonces de los cinco más altos de la lista la itada Cámara de la misma manera elegirá al Presidente.

Pero para elegir al Presidente,
- los votos se harán ***por Estados***,
- teniendo la representación de cada Estado ***un voto***;
- Para este propósito, el *quórum* consistirá en un miembro o miembros de ***dos*** ***ercios*** *(2/3)* de los Estados, y
- una ***mayoría*** de todos los Estados será necesaria para la elección.

En cada caso,
después de la elección del Presidente,
la persona que tenga el **mayor número de votos** de los Electores será el 'icepresidente.

Pero si quedasen
- dos o
- más

que tengan **igual** número de votos,
el Senado elegirá de entre ellos por papeleta al Vicepresidente.

Nota*: Esta parte en* ***azul*** *fue añadida por la* ***Enmienda XII****.*

El Congreso puede determinar
- la *fecha* de elección de los ***Electores***, y
- el *día* en que darán sus ***votos***;

el cual será el *mismo* para todo Estados Unidos.

Ninguna persona salvo
- un **ciudadano** que lo sea **por nacimiento**, o
- un **ciudadano** de los **Estados Unidos**, al tiempo de la adopción de esta ***onstitución***,

será elegible para el cargo de Presidente;

ni será ninguna persona elegida para el cargo
- que no haya alcanzado la edad de ***35 años***, y
- que no haya sido ***14 años*** residente en los Estados Unidos.

En caso
- de ***destitución*** del Presidente de su cargo, o
- de su
    - ***muerte***,
    - ***renuncia***, o
    - ***incapacidad*** para desempeñar los poderes y deberes del citado cargo,
        - los mismos pasarán al Vicepresidente, y
        - el Congreso podrá *por Ley*
            - ***proveer*** para el caso de
                - destitución,
                - muerte,
                - renuncia o
                - incapacidad,
                    - tanto del Presidente
                    - como del Vicepresidente,
            - declarando ***qué funcionario*** actuará entonces como Presidente, y

dicho funcionario actuará de acuerdo con ello hasta que
- la discapacidad desaparezca, o
- un Presidente sea elegido.

__Nota__: Esta pare en __azul__ fue añadida por la __Enmienda XXV__.

El Presidente,
en los momentos establecidos,
recibirá por sus servicios, una **remuneración**,
que no será
- ~~incrementada~~ o
- ~~disminuida~~

durante el periodo para el que hubiese sido elegido, y

no recibirá en ese periodo ***ningún otro*** emolumento
- de los Estados Unidos, o
- de ninguno de ellos.

Antes de que entre a desempeñar su cargo, prestará el siguiente
- **juramento** o
- **promesa**:

—"Yo solemnemente
- ***juro***
- (o ***prometo***)

que
- *ejecutaré* fielmente el cargo de Presidente de los Estados Unidos, y
- con lo mejor de mi habilidad,
    - *preservaré*,
    - *protegeré* y
    - *defenderé*

la **Constitución** de los Estados 'nidos."

Sección 2. *PODERES DEL PRESIDENTE.*

El Presidente será **Comandante en Jefe**
- del **Ejército** y
- la **Armada**
de los Estados Unidos, y
- de la **Milicia** de los distintos Estados,
cuando se le llame para el servicio activo de los Estados Unidos;

podrá ***requerir la opinión***, por escrito, del funcionario principal de cada uno de los epartamentos administrativos, sobre cualquier materia relacionada con los deberes de sus ·spectivos cargos, y

tendrá el poder para conceder
- **conmutaciones de castigos** e
- **indultos**
por *crímenes* contra los Estados Unidos,
excepto en los casos de **juicios políticos de destitución.**

Tendrá el poder,
- *por y*
- *con*
el
- *consejo y*
- *consentimiento*
del Senado,

para hacer **tratados**, siempre que ***dos tercios (2/3)*** de los Senadores presentes stén de acuerdo; y

él
- **propondrá**, y
- - *por y*
- *con el*
- *consejo y*
- *consentimiento*
del Senado,

nombrará
- Embajadores,
- otros Ministros públicos y Cónsules,
- Jueces del Tribunal Supremo, y
- todos los demás funcionarios de los stados Unidos,
- cuyos nombramientos no estén de ~~ra manera~~ aquí previstos, y
- que serán establecidos *por Ley*:

pero el Congreso puede *por Ley* conferir el nombramiento de tantos **funcionarios feriores** como considere adecuado,
- solamente al Presidente,
- a las Cortes de Justicia, o
- a los Jefes Departamentales.

El Presidente tendrá el poder para cubrir todas las **vacantes** que puedan producirs durante el receso *(suspensión de las sesiones)* del Senado, concediendo ***nombramiento provisionales*** que expirará al final de su siguiente periodo de sesiones.

Sección 3. *ESTADO de la UNIÓN, CONVOCAR CÁMARAS, EMBAJADORES, EJECUCIÓN de LEYES y COMISIÓN de FUNCIONARIOS.*

Periódicamente

- dará información al Congreso sobre el **Estado de la Unión**, y
- recomendará a consideración del mismo las ***medidas*** que juzgue
    - necesarias y
    - oportunas;

puede,

en ocasiones extraordinarias,

convocar

- a ambas ***Cámaras***, o
- a cualquier de ellas, y

en caso de **desacuerdo** entre ellas,

con respecto a la fecha de receso,

podrá suspenderlas a la que él entienda apropiada;

recibirá

- **Embajadores** y
- otros Ministros públicos;

él

- cuidará de que las **Leyes** sean ***fielmente ejecutadas***, y
- **comisionará** a todos los **funcionarios** de los Estados Unidos.

Section 4. *JUICIO POLÍTICO de DESTITUCIÓN.*

El

- Presidente,
- Vicepresidente y
- todos los *funcionarios civiles*

de los Estados Unidos,

serán **separados** de su cargo al ser

- ***acusados***, y
- ***condenados***,

en un **juicio político de destitución** por

- traición,
- cohecho, u
- otros
    - delitos y
    - faltas

graves.

ARTÍCULO III. *PODER JUDICIAL.*

Sección 1. *TRIBUNAL SUPREMO.*

El **Poder Judicial** de los Estados Unidos, será conferido
- a un **TRIBUNAL SUPREMO**[1], y
- a los ***tribunales inferiores*** que el Congreso pueda de vez en cuando
    - decretar y
    - establecer.

Los Jueces,
- *tanto del Tribunal Supremo*
- *como de los tribunales inferiores*
    - **mantendrán** sus cargos mientras tengan buen comportamiento, y
    - *en fechas determinadas,*

recibirán por sus servicios una **remuneración**,

que no será ~~disminuida~~ durante su permanencia en el cargo.

Sección 2. *COMPETENCIAS del PODER JUDICIAL.*

El **PODER JUDICIAL** se extenderá

1 - a todos los casos,
- *de derecho y*
- *de equidad,*

que se susciten de,
- esta ***Constitución***,
- las ***Leyes*** de los Estados Unidos, y
- ***Tratados***
    - hechos, o
    - que se hagan,

bajo su autoridad;

2 - a todos los casos que afecten a
- ***Embajadores***,
- otros ***Ministros*** públicos y
- ***Cónsules***;

3 - a todos los casos de jurisdicción
- del ***almirantazgo*** y
- ***marítima***

4 - a las **controversias** en que los ***Estados Unidos*** sea parte;

5 - a las controversias
- entre
    - dos o
    - más

Estados;

6 - entre

[1] Se puede decir *Tribunal Supremo* o *Corte Suprema*. Siempre suelo elegir la traducción más literal, pero en este caso me suena mucho mejor *Tribunal Supremo*.

- un *Estado* y
- *ciudadanos de otro Estado*,

> ***Nota**: Esta pare en **azul** fue una modificación realizada por la **Enmienda XI**.*

7 - entre **ciudadanos de diferentes Estados**,
-
8 - entre **ciudadanos del mismo Estado**
reclamando tierras bajo concesiones de diferente Estados, y

9 - entre
- - un ***Estado***, o
  - sus ***ciudadanos***, y
-
  - *Estados*,
  - *ciudadanos* o
  - *súbditos*

extranjeros.

1 - - En todos los casos que afecten a
- ***Embajadores***,
- otros ***Ministros*** públicos y
- ***Cónsules***, y

- en aquellos en que un ***Estado*** sea parte,
el Tribunal Supremo tendrá **jurisdicción en primera instancia**.

2 - En todos los demás casos antes mencionados,
el Tribunal Supremo conocerá **en apelación**,
tanto
- de *derecho*
- como de *hecho*,
  - con las *excepciones*, y
  - bajo las *reglamentaciones*

que el Congreso dictará.

El enjuiciamiento de todos los **delitos**,
excepto en casos de ~~juicios políticos de destitución~~,
se realizarán a través de un **JURADO**;
y tales juicios se celebrarán en el ***Estado*** en el que los citados crímenes hayan sido ***cometidos***;
pero cuando no se hayan cometido en ***ningún Estado***,
el juicio se realizará en el
- lugar o
- lugares

que el Congreso pueda *por Ley* haber dispuesto.

Sección 3. *TRAICIÓN*.

TRAICIÓN contra los Estados Unidos, consistirá *exclusivamente* en
- declarar la ***guerra*** contra ellos, o

- unirse a sus ***enemigos***,
    dándoles
        - *ayuda* y
        - *confort*.

Ninguna persona será **condenada** por traición salvo
- por testimonio de *2 testigos* del mismo acto manifiesto, o
- por *confesión* en sesión pública de un tribunal.

El Congreso tendrá el poder de fijar la pena por traición,
    pero ningún ***escrito de proscripción*** por traición provocará
        - *corrupción de la sangre (no afectará a los familiares del condenado)* o
        - *confiscación*, excepto durante la vida de la persona proscrita.

ARTÍCULO IV. *Los ESTADOS.*

Sección 1. *PLENA FE y CRÉDITO.*

Plena
- ***fe*** y
- ***crédito***
    se dará en cada Estado a las
        - actas públicas,
        - registros, y
        - procedimientos judiciales
            de todos los **demás Estados**.

Y el Congreso podrá,
    a través de Leyes generales,
        prescribir
            - el ***modo*** en que tales
                - actos,
                - registros y
                - procedimientos
                    serán **válidos**, y
            - su **efecto**.

Sección 2. *PRIVILEGIOS, INMUNIDADES, EXTRADICIÓN, ESCLAVOS FUGITIVOS.*

Los ciudadanos de cada Estado tendrán los
- ***privilegios*** e
- ***inmunidades***
    de los ciudadanos de los demás Estados.

Una **persona acusada** en cualquier Estado por
- *traición*,
- *delito grave*, u
- *otro* crimen,
    que

- *huya* de la Justicia, y
- sea *hallada* en otro Estado,

será **entregada**

a petición de la Autoridad administrativa del Estado del que huyó,

para ser **devuelta** al Estado que tenga jurisdicción sobre el crimen.

Ninguna **persona sujeta** a

- servir o
- trabajar

en un Estado,

bajo las leyes de éste,

*que **escape*** a otro,

será,

como consecuencia de ninguna

- *Ley o*
- *regulación propia,*

~~**liberado**~~ de ese

- servicio o
- trabajo,

sino que será **entregada** al reclamarlo la parte a quien ese

- servicio o
- trabajo

pueda ser debido.

*__Nota__: Esta parte en **azul** fue sustituida por la **Enmienda XIII**.*

Sección 3. *NUEVOS ESTADOS.*

NUEVOS ESTADOS pueden ser **admitidos** por el Congreso en esta Unión;

pero

- ningún Estado
  - se formará o
  - se erigirá

  dentro de la jurisdicción de ningún otro Estado;
- ni ningún Estado se formará por la **unión** de
  - dos o
  - más
    - Estados, o
    - partes de Estados,

  sin el **consentimiento**
  - de las Asambleas Legislativas de los Estados concernidos y
  - del Congreso.

El Congreso tendrá el poder para

- *disponer* y
- *hacer*

todas las
- reglas y
- reglamentos
necesarios respecto
- al **territorio** u
- otra **propiedad**
perteneciente a los Estados Unidos; y
nada en esta Constitución será interpretado de tal forma que ~~perjudique~~ cualquier reclamación
- de los Estados Unidos, o
- de cualquier Estado en particular.

Sección 4. *FORMA REPUBLICANA de GOBIERNO y PROTECCIÓN de los ESTADOS.*

Los Estados Unidos
- **garantizarán** a cada Estado de esta Unión una **forma republicana de gobierno**, y
- **protegerá** a cada uno de ellos
- contra *invasiones*; y
- *a solicitud*
- *de la Asamblea Legislativa, o*
- *del Ejecutivo*
(cuando la Asamblea Legislativa no pueda ser convocada),
contra *disturbios internos*.

ARTÍCULO V. *ENMIENDAS.*

El Congreso,
*cuando **dos tercios (2/3)** de ambas Cámaras lo consideren necesario,*
- **propondrán** **ENMIENDAS** a esta Constitución, o,
- *a solicitud de las Asambleas Legislativas de **dos tercios (2/3)** de los distintos Estados,*
convocará una **Convención** para proponer **Enmiendas**,
las cuales,
en ambos casos,
serán *válidas*
a todos los
- *efectos y*
- *propósitos*
como ***parte*** de ***esta Constitución***,
cuando sean **ratificadas**
- por las Asambleas Legislativas de ***tres cuartos (3/4)*** de los distintos Estados, o
- por Convenciones en ***tres cuartos (3/4)*** de los mismos,

según uno u otro modo de ratificación haya sido propuesto por el Congreso;
siempre y cuando
- ninguna Enmienda que pueda ser hecha *antes de* ***1808*** pueda de ninguna manera ~~afectar~~ a las Cláusulas
    - *primera (1)* and
    - *cuarta (4)*
        de la *novena (9)* **Sección**
            del *primer (1)* **Artículo**; y
- que ningún **Estado**,
    sin su consentimiento,
        sea privado de **igualdad de voto** en el Senado.

ARTÍCULO VI. *La SUPREMACÍA de la CONSTITUCIÓN.*

Todas
- las **deudas** contraídas y
- los **compromisos** adquiridos
    antes de la adopción de esta **Constitución**,
        serán tan ***válidos*** contra los Estados Unidos
            - bajo esta Constitución, como
            - bajo la Confederación.

- Esta *Constitución*, y
- las *Leyes* de los Estados Unidos que se realicen en cumplimiento de la misma; y
- todos los *Tratados*
    - hechos, o
    - que se hagan,
        bajo la autoridad de los Estados Unidos,
            serán la **LEY SUPREMA DE LA TIERRA**; y

los Jueces de cada Estado estarán *obligados* por ellos,
    sin importar ninguna cosa en contrario de la
        - Constitución o
        - Leyes
            de ningún Estado.

Los
- Senadores y
- Representantes antes mencionados, y
- los miembros de las distintas Asambleas Legislativas, y
- todos los funcionarios
    - *administrativos* y
    - *judiciales*
        - tanto de los *Estados Unidos*
        - como de los distintos *Estados*
            estarán **obligados** por
                - ***juramento*** o
                - ***promesa***,

a apoyar esta Constitución;
pero ~~*ninguna prueba religiosa*~~ será requerida como un requisito para ningún
- cargo o
- beneficio público
en los Estados Unidos.

ARTÍCULO VII. *RATIFICACIÓN.*

La **RATIFICACIÓN** por las Convenciones de ***9 Estados***, será suficiente para el establecimiento de esta Constitución entre los Estados que la ratifiquen.

Da fe William Jackson, Secretario
dado en Convención con el consentimiento ***unánime*** de los Estados presentes el ***17 de septiembre*** en el año
- de *nuestro Señor* mil setecientos ochenta y siete ***(1787)*** y
- de la *independencia* de los Estados Unidos de América el **duodécimo** *(12)*.
Como testigos de lo cual hemos suscrito aquí abajo nuestros nombres,

G°. Washington
Presidente y Diputado por Virginia.

Delaware

Geo: Read
Gunning Bedford jun
John Dickinson
Richard Bassett
Jaco: Broom

Maryland

James McHenry
Dan of St Thos. Jenifer
Danl. Carroll

Virginia

John Blair
James Madison Jr.

Carolina del Norte

Wm. Blount
Richd. Dobbs Spaight
Hu Williamson

Carolina del Sur

J. Rutledge
Charles Cotesworth Pinckney
Charles Pinckney
Pierce Butler

Georgia

William Few
Abr Baldwin

New Hampshire

John Langdon
Nicholas Gilman

Massachusetts

Nathaniel Gorham
Rufus King

Connecticut

Wm. Saml. Johnson
Roger Sherman

Nueva York

Alexander Hamilton

Nueva Jersey

Wil: Livingston
David Brearley
Wm. Paterson
Jona: Dayton

Pennsylvania

B Franklin
Thomas Mifflin
Robt. Morris
Geo. Clymer
Thos. FitzSimons
Jared Ingersoll
James Wilson
Gouv Morris

LA DECLARACIÓN DE DERECHOS

DATOS GENERALES.

Las **primeras diez Enmiendas** a la Constitución fueron **ratificadas** el ***15 de diciembre de 1791***, y son conocidas al día de hoy como la **"DECLARACIÓN DE DERECHOS"**.

Aquí aparecen en su forma original.

PREÁMBULO.

PREÁMBULO a la DECLARACIÓN DE DERECHOS

Congreso de los Estados Unidos
- *abierto* y
- *celebrado*
  en la ciudad de **Nueva York**,
- en miércoles, el ***4 de marzo*** *de mil setecientos ochenta y nueve **(1789)**.*

LAS Convenciones de un número de Estados,
- habiendo en el momento de adoptar la Constitución,
  expresado un deseo,
  con la finalidad de prevenir,
  - *tergiversaciones o*
  - *abuso*
    de sus poderes,
    de que más **extensas cláusulas**
    - *declaratorias* y
    - *restrictivas*
      deberían ser añadidas: y

- como la extensión del terreno de la **confianza pública en el Gobierno**
  asegurará mejor los benéficos fines de su institución.

RESUELTO por el
- Senado y
- Cámara de Representantes
  de los Estados Unidos de América,
  - *reunido en Congreso,*
  - *concurriendo **dos tercios (2/3)** de cada Cámara,*
    que los siguientes artículos sean propuestos a las Asambleas Legislativas de los distintos Estados,
    como **Enmiendas** a la Constitución de los Estados Unidos
- *todos*, o
- *alguno*
  de sus Artículos,

*cuando sean ratificados por **tres cuartos** (3/4) de las citadas Asambleas,*

serán **válidos** a todos los efectos,

como parte de la citada Constitución; a saber.

- **ARTÍCULOS adicionales**, y
- **Enmiendas**

a la Constitución de los Estados Unidos de América,

- Propuestos por el Congreso, y

- ratificados por las Asambleas Legislativas de varios Estados,

*de acuerdo con el **quinto Artículo** de la Constitución original.*

ENMIENDA I. *RELIGIÓN, EXPRESIÓN, PRENSA, REUNIÓN, PETICIÓN (1791).*

El Congreso no hará ***ninguna Ley***

- sobre el ~~establecimiento~~ de una **RELIGIÓN**, o
- ~~prohibiendo~~ el libre ejercicio de la misma; o
- ~~acortando~~
  - la libertad
    - de **EXPRESIÓN**, o
    - de **PRENSA**; o
  - el derecho de la gente pacíficamente
    - a **REUNIRSE**, y
    - a **PEDIR** al Gobierno la **reparación de agravios**.

ENMIENDA II. *ARMAS (1791).*

*Siendo necesaria una bien regulada **Milicia***

para la seguridad de un Estado libre,

el derecho del pueblo a

- *tener* y
- *llevar*

ARMAS,

no será ~~**infringido**~~.

ENMIENDA III. *ALOJAMIENTO de SOLDADOS (1791).*

Ningún **soldado** shall,

- en tiempo de paz

será **ALOJADO** en casa alguna,

sin el *consentimiento* del propietario,

- ni en tiempo de guerra,

salvo de la manera prescrita *por la ley*.

ENMIENDA IV. *REGISTROS e INCAUTACIONES (1791).*

El derecho del pueblo a estar **seguro** en sus
- *personas*,
- *casas*,
- *papeles*, y
- *efectos*,

contra
- **REGISTROS** e
- **INCAUTACIONES**,

irracionales

será inviolable, y

ninguna **orden judicial** será dictada, salvo

por ***causa probable***,

respaldada por
- *juramento* o
- *promesa*, y

particularmente describiendo
- el *lugar* que será registrado, y
- las
  - *personas* o
  - *cosas*

que serán aprehendidas.

ENMIENDA V. *GARANTÍAS PROCESALES (1791).*

- Ninguna persona será obligada a **responder** por
  - un *delito* castigado con pena *capital* u
  - otro *delito infame*,

salvo por
- *denuncia* o
- *acusación*

de un Gran Jurado,

excepto en casos surgidos
- en las **fuerzas**
  - *terrestres* o
  - *navales* o
- en la **Milicia**,

cuando se encuentre en servicio activo

en tiempo de
- *guerra* o
- *peligro público*;

- ni ninguna persona será sometida por el *mismo delito* a ser ~~**dos veces**~~ puesta en peligro
  - de *vida* o
  - de perder una *extremidad*;

- ni será obligada en ningún caso penal a ser ~~**testigo contra sí mismo**~~,
- ni será ~~**privada**~~ de la
    - *vida*,
    - *libertad*, o
    - *propiedad*,

        sin el debido **proceso legal**;
- ni la **propiedad privada** será ~~tomada~~ para uso público,

    sin justa *indemnización*.

ENMIENDA VI. *Otras GARANTÍAS PROCESALES (1791).*

En todos los **PROCESOS PENALES**, el acusado disfrutará del derecho

- a un **juicio**
    - *rápido* y
    - *público*

        por un **jurado imparcial** del
        - *Estado* y
        - *distrito*

            en el que el delito hubiera sido cometido,

            distrito que habrá sido previamente ***determinado por la Ley*** y
- a ser **informado** de la
    - *naturaleza* y
    - *causa*

        de la acusación;
- a **verse cara a cara** con los **testigos** en su contra;
- a tener un proceso obligatorio para obtener **testigos a su favor**, y
- a tener **asistencia efectiva de Letrado** para su **defensa**.

ENMIENDA VII. *DERECHO al JURADO en juicios de DERECHO COMÚN (1791).*

En juicios

- de **DERECHO CONSUETUDINARIO** *(procesos civiles)*,
- en el que el valor de la controversia exceda de los ***20 dólares***,

    el derecho a **juicio con Jurado** estará garantizado, y

ningún hecho juzgado por un Jurado,

será ~~**reexaminado**~~ de otra manera en ningún *Tribunal* de los Estados Unidos,

si no es de acuerdo a las *reglas del Derecho consuetudinario*.

ENMIENDA VIII. *FIANZA, MULTAS y CASTIGOS NO EXCESIVOS (1791).*

- Una **fianza** *excesiva*
  no será requerida,
- ni *excesivas* **multas** serán impuestas,
- ni
  castigos
  - *crueles* e
  - *inusuales*
    serán infligidos.

ENMIENDA IX. *DERECHOS NO ENUMERADOS (1791).*

La **enumeración** en la Constitución de ciertos **derechos**,
no será interpretada para
- *negar* o
- *menospreciar*
  OTROS conservados por el Pueblo *(como el derecho a la privacidad; ver Griswold v. Connecticut).*

ENMIENDA X. *PODERES no DELEGADOS ni PROHIBIDOS (1791).*

Los **poderes**
- no *delegados* a los ***Estados Unidos*** por la Constitución,
- ni *prohibidos* por esta a los ***Estados***,
  están reservados
  - a los **Estados** respectivamente, o
  - al **pueblo**.

ENMIENDAS XI - XXVII

ENMIENDA XI. *PLEITOS contra un ESTADO (1795).*

> ***Nota***: *La Enmienda XI fue aprobada por el Congreso el 4 de marzo de 1794, y ratificada el 7 de febrero de **1795**.*
> *Esta Enmienda modificó el **Artículo III, Sección 2**.*

El Poder Judicial de los Estados Unidos
no se interpretará en el sentido de que se ~~**extienda**~~ a ningún pleito
- de *derecho* o
- de *equidad*,
  - *comenzado* o
  - *tramitado*
    contra **uno de los Estados Unidos**
    - por *ciudadanos* de *otro Estado*, o
    - por
      - *ciudadanos* o
      - *súbditos*
        de cualquier *Estado extranjero*.

ENMIENDA XII. *ELECCIÓN de PRESIDENTE y VICEPRESIDENTE (1804).*

> ***Nota***: *La Enmienda XII fue aprobada por el Congreso el 9 de diciembre de 1803, y ratificada el 15 de junio de* **1804**.
> *Esta Enmienda sustituyó una parte del **Artículo II, Sección 1**.*

Los **Electores**
- *se reunirán* en sus respectivos **Estados** y
- *votarán* por papeleta para
  - *Presidente* y
  - *Vicepresidente*,
    uno de los cuales,
    por lo menos,
    no será ~~**habitante**~~ del ~~mismo Estado~~ que ellos;
- **nombrarán**
  - en sus papeletas la persona votada para *Presidente*, y
  - en distinta papeleta la persona votada para *Vicepresidente*, y
- harán **listas separadas**
  - de todas las personas votadas para *Presidente*, y
  - de todas las personas votadas para *Vicepresidente*, y
  - del *número de votos* para cada uno,
    las cuáles
    - ***firmarán*** y
    - ***certificarán***, y

- ***transmitirán*** selladas a la sede del Gobierno de lo Estados Unidos,

dirigidas al Presidente del Senado;

- el Presidente del Senado,

en presencia del

- Senado y

- Cámara de Representantes,

abrirá todos los *certificados* y

- los ***votos***

se contarán;

- La persona que tenga ***el mayor número de votos*** para Presidente, será Presidente,

- si tal número es la *mayoría* del número total de Electores nombrados; y

- si *ninguna* persona tiene tal *~~mayoría~~*,

entonces de las personas que tengan los números más altos sin exceder ***3*** de la lista de los que votaron para Presidente,

la Cámara de Representantes elegirá inmediatamente,

por papeleta,

al Presidente.

Pero al elegir al Presidente,

- los votos se harán ***por Estados***,

- la representación de cada Estado tendrá ***un voto***;

- el ***quórum*** para este propósito consistirá en ***dos tercios (2/3)*** de los Estados, y

- una ***mayoría*** de todos los Estados será necesaria para la elección.

Y si la Cámara de Representantes ***no elige*** *un Presidente,*

siempre que el derecho de elección vuelva sobre ellos antes del 4 de marzo inmediatamente siguiente.,

entonces el Vicepresidente actuará como Presidente,

como en el caso de

- muerte u

- otra incapacidad del Presidente recogida en la Constitución.

La persona que tenga el número más grande de votos como Vicepresidente,

será el Vicepresidente,

- si tal número es una *mayoría* del número total del Electores nombrados y

- si *ninguna* persona tiene una *~~mayoría~~*,

entonces de los ***2*** números más altos de la lista,

el Senado elegirá al Vicepresidente;

- el quórum para tal propósito será de ***dos tercios (2/3)*** del total del número de Senadores, y

- una ***mayoría*** del número total será necesaria para la elección.

Pero ninguna persona *constitucionalmente inelegible* para el cargo de Presidente será elegible para el de Vicepresidente de los Estados Unidos.

Nota*: La parte en rojo fue sustituida por la* ***Sección 3*** *de la* ***Enmienda XX****.*

ENMIENDA XIII. *ABOLICIÓN de la ESCLAVITUD (1865).*

> ***Nota:*** *La Enmienda XIII fue aprobada por el Congreso el 31 de enero de 1865, y fue ratificada el 6 de diciembre de* ***1865****.*
> *Esta Enmienda sustituyó una parte del* ***Artículo IV****,* ***Sección 2****.*

Sección 1. *ESCLAVITUD y TRABAJOS FORZADOS.*

- Ni la ***ESCLAVITUD***
- ni los ***TRABAJOS FORZADOS***,

excepto como **castigo** por crímenes por los cuales el reo hubiera sido debidamente condenado,

~~existirá~~

- en los Estados Unidos, o
- en cualquier lugar sujeto a su jurisdicción.

Sección 2. *PODER de HACER CUMPLIR.*

El Congreso tendrá poder para **hacer cumplir** este artículo a través de *leyes apropiadas.*

ENMIENDA XIV. *CIUDADANOS, PRIVILEGIOS, REPRESENTANTES, INHABILITACIÓN y DEUDA PÚBLICA (1868).*

> ***Nota:*** *La Enmienda XIV fue aprobada por el Congreso el 13 de junio de 1866 y ratificada el 9 de Julio de* **1868***.*
> *La Sección 2 de esta Enmienda modificó la* ***Sección 2*** *del* **Artículo I***.*

Sección 1. *MISMOS PRIVILEGIOS e INMUNIDADES.*

Todas las personas

- *nacidas* o
- *naturalizadas*

en los Estados Unidos, y

\+

- *sometidas* a su jurisdicción,

son **CIUDADANOS**

- de los ***Estados Unidos*** y
- del ***Estado*** en el que residan.

Ningún Estado

- *dictará* o
- *impondrá*

ninguna ~~ley~~ que ~~**restrinja**~~ los

- **PRIVILEGIOS** o
- **INMUNIDADES**

de ciudadanos de los Estados Unidos;

ni Estado alguno

- ~~**privará**~~ a ninguna persona de su
  - *vida*,
  - *libertad*, o
  - *propiedad*,

sin el **DEBIDO PROCESO** legal; ni

- ~~**negará**~~ a ninguna persona bajo su jurisdicción **IGUAL PROTECCIÓN** de las leyes.

Sección 2. *REPRESENTANTES de los ESTADOS.*

REPRESENTATIVES ***se repartirán proporcionalmente*** entre los distintos **Estados** de acuerdo a sus respectivos ***números***,

- contando el *número total* de personas en cada Estado,
- excluyendo a los ~~*Indios que no pagan impuestos*~~.

Pero cuando el **derecho a votar** a cualquier elección para escoger Electores para

- *Presidente* y *Vicepresidente* de los Estados Unidos,
- Representantes en el *Congreso*,
- *funcionarios*
  - *administrativos* y
  - *judiciales*

de un *Estado*, o

- los miembros de su *Asamblea Legislativa*,
  - sea **negado** a alguno de los habitantes *varones* de tal Estado,

siendo

- *de 21 de edad*, y
- *ciudadanos* de los Estados Unidos, o

- de alguna manera esté **restringido**,

excepto por participación en

- *rebelión, u*
- *otro crimen,*

la base de representación en el mismo será **reducido** en la *proporción* que el número de tales ciudadanos tenga respecto al número total de ciudadanos varones de *21 años* de edad en tal Estado.

> ***Nota****: La parte en rojo fue cambiada por la* ***Sección 1*** *de la* ***Enmienda*** *XXVI.*

Sección 3. *INHABILITACIONES (derivadas del Guerra Civil).*

Nadie

- será
  - ~~***Senador***~~ o
  - ~~***Representante***~~ en el Congreso, o
  - ~~***elector***~~ del

- Presidente y
- Vicepresidente, u
- ostentará ningún ~~cargo~~,
- *civil* o
- *militar*,
- de los Estados Unidos, o
- de cualquier Estado,

si,

habiendo previamente prestado **juramento**,
- *como miembro del* ***Congreso****, o*
- *como* ***funcionario*** *de los Estados Unidos, o*
- *como miembro de cualquier* ***Asamblea Legislativa****, o*
- *como* ***funcionario***
- *administrativo o*
- *judicial*

de cualquier Estado,

de **apoyar** la Constitución de los Estados Unidos,

se haya
- **involucrado** en una
- ***insurrección*** o
- ***rebelión***

contra la misma, o
- dado
- ***ayuda*** o
- ***comodidades***

a sus ***enemigos***.

Pero el Congreso puede

por el voto de ***dos tercios (2/3)*** *de cada Cámara,*

quitar tal incapacidad.

Sección 4. *DEUDA PÚBLICA*.

La validez de la **DEUDA PÚBLICA** de los Estados Unidos,

autorizada por Ley,

incluyendo las deudas en las que se haya incurrido por pago de
- ***pensiones*** y
- ***recompensas***

por servicios prestados sofocando
- *insurrecciones* o
- *rebeliones*,

no será ~~**cuestionada**~~.

Pero
- ni los Estados Unidos
- ni ningún Estado
- ~~*asumirá*~~ o
- ~~*pagará*~~
- ninguna
- ~~*deuda*~~ u
- ~~*obligación*~~

en la que se haya incurrido en ayuda de

- la **insurrección** o
- la **rebelión**

contra los Estados Unidos, o

- ninguna reclamación por la
  - ~~*pérdida*~~ o
  - ~~*emancipación*~~

de ningún **esclavo**;

sino que tales

- *deudas*,
- *obligaciones* y
- *reclamaciones*

serán tenidas por

- **ilegales** y
- **nulas**.

Sección 5. *PODER para HACER CUMPLIR.*

El <u>Congreso</u> tendrá el poder para **hacer cumplir**,
a través de la legislación adecuada,
las disposiciones de este artículo.

ENMIENDA XV. *RAZA, COLOR o ESCLAVITUD (1870).*

***Nota**: Esta Enmienda XV fue aprobada por el Congreso el 26 de febrero de 1869, y ratificada el 3 de febrero de **1870**.*

Sección 1. *DERECHO a VOTAR.*

El derecho de los ciudadanos de los Estados Unidos a **votar** no será

- ~~**negado**~~ o
- ~~**disminuido**~~
  - por los *Estados Unidos* o
  - por ningún *Estado*

a causa de

- la **RACE**,
- el **COLOR**, o
- la condición previa de **ESCLAVITUD**.

Sección 2. *PODER para HACER CUMPLIR.*

El <u>Congreso</u> tendrá el poder para **hacer cumplir** este artículo
a través de la legislación adecuada.

ENMIENDA XVI. *IMPUESTOS sobre los INGRESOS (1913).*

> ***Nota:*** *Esta Enmienda XVI fue aprobada por el Congreso el 2 de Julio de 1909, y ratificada el 3 de febrero de* **1913**.
> *Esta Enmienda modificó el* ***Artículo I, Sección 9.***

El Congreso tendrá poder para
- *establecer* y
- *recaudar*

IMPUESTOS sobre **INGRESOS**,
cualquiera que sea la fuente de que derive,
- sin ~~**prorrateo**~~ entre los distintos Estados, y
- sin ~~**consideración**~~ a ningún
  - *censo* o
  - *enumeración.*

ENMIENDA XVII. *ELECCIÓN POPULAR de SENADORES (1913).*

> ***Nota:*** *Esta Enmienda XVII fue aprobada por el Congreso el 13 de mayo de 1912, y ratificada el 8 de abril de* ***1913****.*
> *Esta Enmienda modificó el* ***Artículo I, Sección 3.***

El Senado de los Estados Unidos
estará compuesto de ***2*** **Senadores** de cada **Estado**,
- elegido ***por el pueblo*** del mismo,
- por ***6 años***; y

cada Senador tendrá **un voto**.

Los **electores** en cada Estado tendrán los ***requisitos exigidos*** para los electores de la rama más numerosa de las Asambleas Legislativas estatales.

Cuando se produzcan **vacantes** en la representación de cualquier Estado en el Senado,
la Autoridad ejecutiva de tal estado dictará un ***decreto convocando elecciones*** para cubrir tales vacantes: entendiendo que la Asamblea Legislativa de cualquier Estado puede autorizar a su Ejecutivo a hacer **nombramientos temporales** hasta que el pueblo cubra las vacantes por elección como la Asamblea Legislativa pueda establecer.

Esta Enmienda **no** será interpretada de tal manera que ~~**afecte**~~ a
- la *elección* o
- el *mandato*

de ningún Senador
elegido *antes* de que adquiera validez como parte de la Constitución.

ENMIENDA XVIII. *La PROHIBICIÓN (1919).*

> ***Nota:*** *Esta Enmienda XVIII fue aprobada por el Congreso el 18 de diciembre de 1917, y fue ratificada el 16 de enero de **1919**, pero fue **derogada por la Enmienda XXI**.*

Sección 1. *LICORES EMBRIAGANTES.*

A partir de ***un año*** desde la *ratificación* de este artículo, la
- *fabricación*,
- *venta*, o
- *transporte*

de **LICORES EMBRIAGANTES**, así como la
- *importación*, o
- *exportación*

de los mismos
dentro de
- los *Estados Unidos* y
- todo el *territorio* sometido

a su jurisdicción,
para usarlos como ***bebida,***
quedan por la presente **prohibidos**.

Sección 2. *PODER para HACER CUMPLIR.*

- El Congreso y
- los distintos Estados

tendrán poderes concurrentes para **hacer cumplir** este artículo
a través de la legislación apropiada.

Sección 3. RATIFICADO como ENMIENDA.

Este artículo no entrará en vigor
mientras no sea **ratificado** como **enmienda** a la Constitución
por las Asambleas Legislativas de los distintos Estados,
como se prevé en la Constitución,
en el plazo de *7* ***años*** desde la fecha de *presentación* del mismo a los Estado por parte del Congreso.

ENMIENDA XIX. *SUFRAGIO FEMENINO (1920).*

> ***Nota:*** *Esta Enmienda XIX fue aprobada por el Congreso el 4 de junio de 1919, y ratificada el 18 de agosto de **1920**.*

El derecho de los ciudadanos de los Estados Unidos a **votar** no será

- ~~negado~~ o
- ~~recortado~~
  - por los *Estados Unidos* o
  - por ningún *Estado*
    por motives de **SEXO**.

El Congreso tendrá poder para **hacer cumplir** este artículo
a través de la legislación apropiada.

ENMIENDA XX. *MANDATO PRESIDENCIAL (1933).*

***Nota**: Esta Enmienda XX fue aprobada por el Congreso el 2 de marzo de 1932, y ratificada el 23 de enero de **1933**.*
*La Sección **2** de esta Enmienda modificó el **Artículo I**, **Sección 4**.*
*La Sección **3** sustituyó parte de la **Enmienda XII**.*

Sección 1. *MANDATO.*

- El **MANDATO**
  - del ***Presidente*** y
  - del ***Vicepresidente***
    terminará al mediodía del ***20*** de ***enero***, y
- los mandatos de los
  - ***Senadores*** y
  - ***Representantes***
    al mediodía del ***3*** de ***enero***,
    de los años en los que tales mandatos habrían terminado si este Artículo no hubiera sido ratificado; y
- los mandatos de sus **sucesores** comenzarán en ese momento.

Sección 2. *REUNIÓN del CONGRESO.*

El Congreso se **reunirá** al menos ***una vez*** al año, y
tal reunión empezará el ***3*** de ***enero***,
salvo que *por ley* señalen un *día diferente*.

Sección 3. *SUCESIÓN.*

- Si,
  *en el momento fijado para el **comienzo** del mandato del Presidente,*
  el Presidente electo hubiese **muerto**,
  el Vicepresidente electo se convertirá en Presidente.
- Si un ***Presidente no*** hubiese sido ***elegido*** antes del tiempo fijado para el comienzo de su mandato, o
- si el ***Presidente electo*** no cumpliera los ***requisitos***,
  entonces el Vicepresidente electo actuará como Presidente hasta que el Presidente los *cumpla*; y

- el Congreso podrá proveer *por ley* para el caso en que
  - ni el ***Presidente electo***
  - ni el ***Vicepresidente electo***

cumplan los requisitos,

declarando

- quién en ese caso actuará como ***Presidente***, o
- la ***manera*** en que la persona que habrá de actuar sera ***seleccionada***, y

tal persona actuará de acuerdo con ello ***hasta*** que un
- *Presidente* o
- *Vicepresidente*

cumpla los **requisitos**.

Sección 4. *MUERTE de los CANDIDATOS.*

El Congreso podrá proveer *por ley*

- para el caso de la **muerte** de cualquiera de las *personas* de entre las cuáles la ***Cámara de Representantes*** *pudiera escoger un* Presidente cuando el derecho a elegirlo se le hubiera sido transferido, y
- para el caso de la **muerte** de cualquiera de las *personas* de entre las cuáles el ***Senado*** *pudiera escoger un* Vicepresidente cuando el derecho a elegirlo se le hubiera sido transferido.

Sección 5. *ENTRADA en VIGOR.*

Las **Secciones**
- **1** y
- **2**

tendrán **efecto** el ***15*** de ***octubre***

siguiente a la ***ratificación*** de este artículo.

Sección 6. *RATIFICADO como ENMIENDA.*

Este artículo será ineficaz

hasta que sea **ratificado** como una **enmienda** a la Constitución
- por las *Asambleas Legislativas* de ***tres cuartos (3/4)*** de los distintos Estados
- en el plazo de *7* ***años*** desde la fecha de su presentación.

ENMIENDA XXI. *DEROGACIÓN de la PROHIBICIÓN (1933).*

> ***Nota:*** *Esta Enmienda XXI fue aprobada por el Congreso el 20 de febrero de 1933, y ratificada el 5 de diciembre de* ***1933****.*

Sección 1. *DEROGACIÓN de la ENMIENDA 18ª.*

El **DÉCIMO OCTAVO** artículo de enmiendas a la Constitución de los Estados Unidos queda por la presente **derogado**.

Sección 2. *LEYES sobre LICORES EMBRIAGANTES.*

El
- ***transporte*** o
- ***importación***

en cualquier
- *Estado*,
- *Territorio*, o
- *posesión*

de los Estados Unidos

para ser
- *repartidos* o
- *utilizados*

en ellos

de **LICORES EMBRIAGANTES**,

en violación de las ***leyes*** *sobre los mismos,*

quedan por la presente **prohibidos**.

Sección 3. *RATIFICADO como ENMIENDA.*

Este artículo será ineficaz

hasta que sea **ratificado** como una **enmienda** a la Constitución
- por ***convenciones*** en los distintos Estados,

  tal como está previsto en la Constitución,
- en el plazo de *7* ***años*** desde la fecha de su presentación a los Estados por el Congreso.

ENMIENDA XXII. *LÍMITE del MANDATO (1951).*

***Nota**: Esta Enmienda XXII fue aprobada por el Congreso el 21 de marzo de 1947, y ratificada el 27 de febrero de **1951**.*

Sección 1. *DOS VECES/UNA VEZ.*

- Nadie será elegido para el cargo de Presidente más de **DOS VECES**, y
- nadie que
  - haya *ostentado* el cargo de Presidente, o
  - haya *actuado* como Presidente,

por más de ***2 años*** del período para el que alguna otra persona hubiera sido elegida Presidente

será elegido para el cargo de Presidente más de **UNA VEZ**.

Pero este artículo

- **no se aplicará** a ninguna persona que ostente el cargo de Presidente cuando este Artículo fue *propuesto* por el Congreso, y
- **no impedirá** a ninguna persona que pueda estar
  - *desempeñando* el cargo de Presidente, o
  - *ejerciendo como* Presidente,

durante el mandato en que este Artículo adquiera vigencia

- *desempeñar* el cargo de Presidente o
- *ejercer como* Presidente

durante el tiempo restante de dicho mandato.

Sección 2. *RATIFICADO como ENMIENDA.*

Este artículo será ineficaz

hasta que sea **ratificado** como una **enmienda** a la Constitución

- por las Asambleas Legislativas de ***tres cuartos (3/4)*** de los distintos Estados
- en el plazo de *7 **años*** de su presentación a los Estados por el Congreso.

ENMIENDA XXIII. *ELECCIÓN PRESIDENCIAL en el DISTRITO de COLUMBIA (1961).*

***Nota**: Esta Enmienda XXIII fue aprobada por el Congreso el 16 de junio de 1960, y ratificada el 29 de marzo de **1961**.*

Sección 1. *ELECTORES.*

El **DISTRITO** que constituye la *sede del Gobierno de los Estados Unidos*

nombrará

*de la **manera** que el Congreso pueda establecer:*

Un número de **electores** del

- *Presidente* y
- *Vicepresidente*
  - ***igual*** al número completo de
    - Senadores y
    - Representantes

      en el Congreso al que el Distrito tendría derecho *si fuera un Estado*, pero
  - en ningún caso ~~más~~ que ***el menos populoso de los Estados***;

se añadirán a los nombrados por los Estados, pero
serán considerados,

a efectos de la elección del

- *Presidente y*
- *Vicepresidente,*

como ***electores nombrados por un Estado***; y

- ***se reunirán*** en el Distrito y
- ***desempeñarán*** su ***labor***

como está previsto en la ***Decimosegunda Enmienda***.

Sección 2. *PODER para HACER CUMPLIR.*

El Congreso tendrá el poder para **hacer cumplir** este artículo
a través de la legislación apropiada.

ENMIENDA XXIV. *VOTO a pesar de la FALTA de PAGO de IMPUESTOS (1964).*

Nota: *Esta Enmienda XXIV fue aprobada por el Congreso el 27 de agosto de 1962, y ratificada el 23 de enero de* ***1964****.*

Sección 1. *IMPUESTO ELECTORAL u OTROS IMPUESTOS.*

El derecho de los ciudadanos de los Estados Unidos a **votar** en cualquier elección

- *primaria* o
- *de otro tipo*
  - para
    - ***Presidente*** o
    - ***Vicepresidente***,
  - para ***electores*** para
    - *Presidente* o
    - *Vicepresidente*, o
  - para
    - ***Senador*** o
    - ***Representante*** en el Congreso,

no será

- ~~*negado*~~ o
- ~~*recortado*~~

por

- los *Estados Unidos* o
- cualquier *Estado*

por razón de **falta de pago** de algún

- **IMPUESTO ELECTORAL** u
- **OTRO IMPUESTO.**

Sección 2. *PODER para HACER CUMPLIR.*

El Congreso tendrá poder para **hacer cumplir** este artículo
a través de la legislación apropiada.

ENMIENDA XXV. *SUCESIÓN del PRESIDENTE (1967).*

> ***Nota**: Esta Enmienda XXV fue aprobada por el Congreso el 6 de Julio de 1965, y ratificada el 10 de febrero de **1967**.*
> *Esta Enmienda XXV modificó el **Artículo II, Sección 1**.*

Sección 1. *VICEPRESIDENTE.*

En caso

- de *separación* del Presidente de su puesto o
- de su
  - *muerte* o
  - *renuncia*,

el **VICEPRESIDENTE** se convertirá en ***Presidente***.

Sección 2. *VACANTE del VICEPRESIDENTE.*

Cuando haya una **vacante** en el puesto de Vicepresidente,
el Presidente **nombrará** un Vicepresidente
que asumirá el cargo tras ser **confirmado** por una ***mayoría*** de votos de ambas Cámaras del Congreso.

Sección 3. *AUTODECLARACIÓN de INCAPACIDAD.*

Cuando el Presidente transmita

- al *Presidente pro tempore* del Senado y
- al *Presidente* de la Cámara de Representantes

su **declaración escrita** de que es **incapaz** de desempeñar los

- *poderes* y
- *deberes*

de su cargo, y

hasta que les transmita una **declaración escrita** en sentido **contrario**,
tales
- *poderes* y
- *deberes*

serán desempeñados por el **Vicepresidente** as Presidente interino.

Sección 4. *DECLARACIÓN HECHA por el VICEPRESIDENTE y una MAYORÍA de FUNCIONARIOS PRINCIPALES.*

Cuando
- el *Vicepresidente* y
- una *mayoría* de los *funcionarios principales*
  - de los *departamentos administrativos* o
  - de *otro organismo* que el Congreso pueda *por ley* disponer,

transmitan
- al *Presidente pro tempore* del Senado y
- al *Presidente* de la Cámara de Representantes

su **declaración escrita** de que el Presidente es **capaz** de desempeñar los
- *poderes* y
- *deberes*

de su cargo,
el Vicepresidente mediatamente **asumirá** los
- *poderes* y
- *deberes*

del cargo omo ***Presidente interino***.

Después de eso,
cuando el Presidente **transmita**
- al *Presidente pro tempore* del Senado y
- al *Presidente* de la Cámara de Representantes

su **declaración escrita** de que **no existe incapacidad**,
reasumirá los
- *poderes* y
- *deberes*

de su cargo

a menos que
- el *Vicepresidente* y
- una *mayoría* de los *funcionarios principales*
  - de los *departamentos administrativos* o
  - de los *otros organismos* que el Congreso pueda *por ley* tablecer,

transmitan
en el plazo de ***4 días***
- al *Presidente pro tempore* del Senado y

- al *Presidente* de la Cámara de Representantes

su **declaración escrita** de que el Presidente es **incapaz** de desempeñar los

- *poderes* y
- *obligaciones*

de su cargo.

Inmediatamente después, el Congreso **decidirá** el asunto,

reuniéndose en el plazo de ***cuarenta y ocho horas*** para ese propósito si no estuviese reunido en sesión.

Si el Congreso,

*- en el plazo de **21 días** después de recibir esta segunda declaración escrita, o,*

*- si el Congreso no estuviera reunido en sesión, en el plazo de **21 días** desde que el Congreso haya sido requerido para reunirse,*

determina

*por voto de **dos tercios (2/3)** de las dos Cámaras*

que el Presidente es **incapaz** de desempeñar los

- *poderes* y
- *deberes*

de su cargo,

el Vicepresidente **continuará** desempeñando el mismo como Presidente interino;

- en caso contrario, el Presidente **reasumirá** los

- *poderes* y
- *deberes*

de su cargo.

ENMIENDA XXVI. *18 AÑOS de EDAD para VOTAR (1971).*

***Nota**: Esta Enmienda XXVI fue aprobado por el Congreso el 23 de marzo de **1971**.*

*La Sección 1 de esta Enmienda XXVI modificó la **Sección 2** de la **Enmienda 14**.*

Sección 1. *18 AÑOS.*

El derecho de los ciudadanos de los Estados Unidos,

que tengan

- ***DIECIOCHO AÑOS*** de edad o
- ***más***,

a **votar** no será

- ~~negado~~ o
- ~~recortado~~

- por los *Estados Unidos* o
- por ningún *Estado*

por razón de la **edad**.

Sección 2. *PODER para HACER CUMPLIR.*

El Congreso tendrá el poder para **hacer cumplir** este artículo
a través de la legislación apropiada.

ENMIENDA XXVII. *REMUNERACIÓN de SENADORES y REPRESENTANTES (1992).*

***Nota**: Esta Enmienda XXVII fue propuesta el 25 de septiembre de 1789, y ratificada el 7 de mayo de* **1992**.

Ninguna *ley*,
variando la **REMUNERACIÓN** de los servicios de los
- *Senadores* y
- *Representantes*,

entrará en **vigor**,
, hasta que haya transcurrido una **elección** de Representantes.

Made in United States
North Haven, CT
09 December 2023